PNL para principiantes

Paso a paso hacia un mayor éxito con psicología sencilla, técnicas de manipulación y el lenguaje corporal adecuado

Boris Lehmann

CONTENIDO

Prólogo 1

¿Qué es la PNL? 3

La historia del desarrollo de la PNL.....................5

Las 11 piedras angulares de la PNL 10

Supuestos básicos de la PNL............................... 12

Ejercicio 1: ¡Descubre tus canales de percepción favoritos!..16

Técnicas y estrategias de PNL............................. 19

Anclaje..19

Informe..22

Calibra 23

Marcando el ritmo y dirigiendo 24

Reencuadre en seis pasos 25

Técnica Swish 29

Fobia rápida 32

Por qué la PNL es ideal para la manipulación 37

Técnicas de manipulación 39

El registro colgante, también conocido como la repetición.. 41

La trampa de la inercia 42

El truco de la amistad.. 43

Manipulación mediante la creación de miedo.... 44

Instinto de manada 45

Trucos emocionales 46

¿Cómo reconoces la manipulación de los demás?..47

El principio de manipulación de los cuatro
métodos 48

¿Qué hay detrás de una personalidad
manipuladora?... 49

Principios de la comunicación humana...................52

Interpretar las señales inconscientes de nuestro
cuerpo 61

Patrones de movimiento ocular........................62

Las señales conscientes de nuestro cuerpo............66

Las reglas de oro del lenguaje corporal............. 67

Pobre 67

Contacto visual..68

Distancia...68

Apretón de manos 69

Manos 69

Postura 70

Sonríe 70

Lenguaje corporal y PNL...................................71

Simpatía 72

Las reglas de oro de la simpatía 72

El poder de la psique 74

Material extra: Diario de mentalidad 79

Diario de mentalidad 80

Día 1: Estar PRESENTE en el aquí y ahora
(meditación) 81

Día 2: Cartel con tu zona de confort 81

Día 3: Un mapa mental ... .81

Día 4: Rituales de bienestar personal 82

Día 5: Conéctate a tierra 82

Día 6: Practicar activamente la gratitud 82

Día 7: Meditación de atención plena 83

Día 8: Muestra compasión por ti mismo y por los
demás..83

Día 9: Practicar activamente el amor propio 83

Día 10: No pienses, haz 84

Día 11: Tiempo para ser y para la creatividad....84

Día 12: La música cura el alma..........................85

Día 13: Embellece tu casa 85

Día 14: Agradécete a ti mismo tu dedicación 86

Prólogo

¿Quieres aprender a manipular eficazmente a otras personas? Este libro quiere ser tu guía, libro de referencia y compañero. La gente suele pensar que manipular a los demás es algo malo. Pero no tiene por qué ser así. Considera de antemano si quieres obligar a la persona a hacer algo que no le conviene.

Si puedes responder negativamente a esta pregunta, ¿cuáles son los argumentos en contra del uso de técnicas de manipulación? Todos manipulamos inconscientemente a otras personas todo el tiempo y también somos manipulados inconscientemente por otros. Las personas que son buenas manipuladoras sólo han aprendido a hacerlo conscientemente. A menudo incluso somos capaces de incluir lo que quiere la otra persona. Por tanto, las técnicas de manipulación pueden ayudarte a tratar de forma más ética con tus semejantes.

En este libro, a diferencia de muchas otras guías sobre este tema, nos centraremos principalmente en la perspectiva y las técnicas de la llamada PNL. A lo largo de este libro irás aprendiendo qué es y cómo puedes utilizarla. A favor de este enfoque está el hecho de que la PNL es un método bueno, probado y sutil de manipular a los demás. Es más difícil que la otra persona reconozca que ha sido manipulada que con otras técnicas. Teniendo esto en cuenta, ¡espero que disfrutes leyendo este libro!

¿Qué es la PNL?

PNL es una abreviatura de "programación neurolingüística". Puede que no tengas una idea muy clara de
lo que significa este término. Así que primero echemos
un vistazo a las partes que componen esta palabra. Esto
te dará una idea de lo que es la PNL.

La **N** significa "Neuro". Puede que el término te resulte familiar por la neurología, la ciencia médica del
sistema nervioso humano. De forma más general, la abreviatura "neuro" se utiliza para introducir muchos términos relacionados con el sistema nervioso o la psique.
En el caso de la PNL, la N significa que este método
pretende conseguir cambios a largo plazo en la psique

de una persona, algunos de los cuales pueden explicarse por procesos biológicos o nerviosos.

La **L** significa "lingüística". La lingüística es la ciencia general del lenguaje. La PNL utiliza cada vez más técnicas de comunicación verbal y no verbal para influir en otras personas.

La **P** de PNL es especialmente interesante: significa "programación". Puede que lo asocies menos con las personas que con los ordenadores y otras tecnologías. Sin embargo, la PNL utiliza el supuesto psicológico básico de que las personas pueden ser "programadas" por otra persona. Del mismo modo que se puede hacer que un ordenador haga determinadas cosas mediante el programa correspondiente, esto también se puede conseguir con las personas.

En resumen, la PNL es un método que utiliza técnicas de comunicación para cambiar el comportamiento de las personas. La PNL tiene su origen principalmente en enfoques psicoterapéuticos más recientes y muchos terapeutas la utilizan en el tratamiento de enfermos mentales. La PNL es fácil de aprender y, por tanto, también la pueden utilizar personas no profesionales. Con la ayuda de la PNL, puedes aprender a penetrar en el subconsciente de otras personas y así "controlarlas". Por supuesto, esto tiene sus límites. No esperes poder controlar totalmente a los demás mediante la PNL. Sin embargo, ¡te sorprenderá lo que es posible con la PNL!

LA HISTORIA DEL DESARROLLO DE LA PNL

Para entender cómo surgió este método bastante i-nusual, es importante que te familiarices con los desarrolladores y la historia de la investigación que hay detrás de esta técnica. Aunque quieras ponerla en práctica lo antes posible: Dedica tiempo a comprender la base teórica de la PNL, entonces te resultará más fácil aplicar los métodos descritos y entender real-mente lo que estás haciendo cuando utilices la PNL en tu vida cotidiana. La PNL es una disciplina joven que no se desarrolló hasta la década de 1970. En los años 60, surgió en EE.UU. un movimiento llamado Movi-miento del Potencial Humano. Este movimiento se ba-saba en la suposición de que cada persona tiene un gran potencial sin explotar y que desarrollar este po-tencial no sólo conduce a una mayor calidad de vida, sino también a una mayor serenidad y fuerza emocio-nal y, por tanto, promete una vida más plena.

Las impresiones que una persona recoge a lo largo de su vida, sus experiencias y cómo las percibe, todo ello determina la formación del carácter, define a una persona tanto como puede ponerle límites. Un factor decisivo para superar las propias limitaciones -uno de los requisitos más importantes para alcanzar los objetivos de la PNL- es comprender mejor lo que permanece desconocido para muchos a lo largo de su vida: su propio subconsciente. Esa parte de nuestra mente a la que no podemos acceder activamente, pero que desempeña un papel fundamental en la percepción y el procesamiento de las experiencias.

Una mirada a los fundadores revela cómo surgió la combinación de psicología, lingüística y la idea de programar a las personas. La PNL fue desarrollada por dos hombres que inicialmente parecían muy diferentes: John Grinder tenía entonces casi 40 años y era profesor de la Universidad de California en Santa Cruz. Grinder estudió lingüística y por aquel entonces estudiaba e investigaba en la Universidad de Santa Cruz.

Por aquel entonces, Richard Bandler, diez años menor que él, estudiaba una peculiar combinación de asignaturas en la misma universidad: matemáticas, ciencias de la información y psicología. En un principio, Grinder supervisó una sesión de terapia de grupo que Bandler dirigía con enfermos mentales como parte de sus estudios. Sin embargo, los dos congeniaron y pronto se dieron cuenta de que a ambos les interesaban los procesos comunicativos en contextos terapéuticos. Así que empezaron a investigar juntos la comunicación en el grupo de terapia de Bandler. Poco a poco fueron elaborando diversos principios de comunicación que parecían funcionar en el grupo. Les interesaba especialmente la cuestión de qué factores comunicativos eran necesarios para que un paciente completara con éxito su terapia. Recogieron sus observaciones y formularon técnicas terapéuticas y comunicativas específicas.

Esto dio lugar a la primera versión de la PNL, a la que Bandler se dedicó plenamente tras finalizar sus estudios. Grinder y Bandler añadieron más tarde otro aspecto a su investigación, conocido como modelado. Se centraron en personas consideradas terapeutas especialmente exitosas y distinguidas en sus respectivos campos. A continuación, intentaron averiguar qué hacían estas personas de forma diferente a sus contemporáneos con menos éxito. De este modo, descubrieron cada vez más principios que se han incorporado a la PNL actual.

Aunque Grinder y Bandler intentaron establecer la PNL como tema de investigación científica a partir de los años 80, sólo lo consiguieron parcialmente. Las escuelas académicas suelen opinar que la PNL no cumple los criterios de un campo de investigación independiente. Esto puede deberse principalmente a que la PNL combina varios enfoques y conceptos psicoterapéuticos. No todos estos conceptos han podido demostrar un efecto terapéutico en estudios académicos. Sin embargo, para que la manipulación con PNL tenga éxito, ¡este hecho no debería importarte! Debido a la falta de voluntad de las ciencias académicas para tratar la PNL como una forma de terapia que debe tomarse en serio, la PNL se ha abierto camino cada vez más en el coaching.

Un ejemplo: No estás satisfecho con tu cuerpo, quieres cambiar algo y te apuntas a un gimnasio. Entrenas intensa y eufóricamente durante los tres primeros meses, cambias tu dieta y, de repente, caes en un profundo pozo, dejas de entrenar y te sientes frustrado porque no has aguantado.

¿Qué ha ocurrido? Has perdido la fe en ti mismo en este preciso momento. Aquí es donde la PNL puede ayudarte. La mentalidad correcta puede ayudarte a conseguir cualquier objetivo que te propongas. Sólo tienes que fijarte en tus propios objetivos, allanar el camino y trabajar para conseguirlo. Cada persona tiene diferentes cosas que utiliza para motivarse. Para encontrar estos puntos de motivación, puedes, por ejemplo, hablar con personas cercanas a ti o, en este caso, con tu entrenador personal.

Si quieres conseguir el cuerpo de tus sueños con músculos definidos mediante un entrenamiento intensivo, entonces necesitas tener una idea precisa de cómo debe ser tu cuerpo bien entrenado. ¿Cuánto peso quieres subir a la báscula? ¿Cómo de visibles quieres que sean tus músculos? ¿Para cuándo quieres haber alcanzado tu objetivo? Márcate un plazo. Para conseguir tus objetivos y deseos, tienes que ocuparte de ellos y visualizarlos, pues sólo así perseverarás en el camino hacia tu meta.

La gente tiene entre 60.000 y 80.000 pensamientos en la cabeza cada día. La mayoría de estos pensamientos son negativos, aunque no te des cuenta. Y consiguen hacerte sentir mal. Piensa si los acontecimientos y situaciones de tu entorno te provocan tristeza, ira, miedo o nerviosismo. La respuesta es claramente no. ¿Por qué? Pues porque tu mentalidad y tu juicio sobre esta constelación concreta tienen un poder inmenso. Si son negativos, representan una gran carga. Una misma situación inicial puede interpretarse de formas muy distintas. Por tanto, no es la situación real la que provoca estos sentimientos, sino tu juicio.

Un pequeño ejemplo: Un amigo cancela una cita contigo. Ahora puedes pensar que tu amigo ha cancelado porque no está tan interesado en ti. Este pensamiento te hace sentir solo y triste. Sin embargo, si piensas que tu amigo no tiene tiempo porque puede haber olvidado una cita importante y está triste por tener que cancelarla contigo, no tienes por qué sentirte triste. Simplemente puedes esperar con ilusión la próxima cita.

"No son las cosas las que nos molestan, sino la forma en que las percibimos". Epicteto

LAS 11 PIEDRAS ANGULARES DE LA PNL

1. Cada persona vive a su manera especial e individual. Esto significa también que perciben el mundo de un modo especial y único.
2. Nuestra mente, nuestro cuerpo y nuestro entorno están en constante interacción. Tus acciones pueden influir en tu forma de pensar. Tus pensamientos también pueden influir en cómo te sientes.
3. Nuestro silencio también es una forma de comunicación. La reacción de la persona con la que hablamos demuestra la importancia de la comunicación.

4. Las experiencias individuales conforman a cada persona y le dan su propia realidad, según la cual actúa.

5. Ofrece a tu interlocutor varias opciones o líneas de actuación, ya que así aumentan las posibilidades de alcanzar el objetivo deseado.

6. Cada persona hace la mejor elección para sí misma basándose en las posibilidades que existen en su realidad. Esto también significa que siempre se comporta de la mejor manera posible dentro del ámbito de sus posibilidades.

7. El comportamiento de una persona siempre tiene sentido en su percepción del mundo y es el resultado de una intención positiva. Independientemente de cómo se comporte una persona, su comportamiento siempre es beneficioso para ella.

8. Las posibilidades/requisitos necesarios para el cambio residen en la propia persona.

9. Todo el mundo tiene capacidad para aprender cosas nuevas y cambiar pautas habituales de comportamiento.

10. No hay fracaso, sólo retroalimentación. ¿No has tenido éxito? Prueba con otro método.

11. La flexibilidad es la clave del éxito.

SUPUESTOS BÁSICOS DE LA PNL

Ahora que sabes más o menos de dónde viene la PNL y cómo surgió, vamos a examinar más detenidamente los fundamentos teóricos del método. No es necesario que comprendas todos los detalles del esqueleto teórico de la PNL. Sin embargo, es bueno que estés familiarizado con los términos y conceptos básicos. Esto te facilitará la comprensión del funcionamiento de cada una de las técnicas. También comprenderás los fundamentos del funcionamiento de la psique humana. Para poder manipular con éxito, estos conocimientos son muy útiles, si no obligatorios, porque puedes ser el mejor usuario de las técnicas de manipulación, pero manipular a los demás requiere un alto grado de flexibilidad personal. Requiere una familiarización y adaptación constantes a las situaciones y a los procesos de comunicación en curso. Los buenos manipuladores son, ante todo, maestros de la situación.

La PNL se caracteriza fundamentalmente por considerar que la percepción subjetiva de una persona es más importante que la verdad objetiva. Para una persona, sólo existe una verdad subjetiva. Como estamos limitados a nuestros cinco sentidos a la hora de percibir el mundo, no podemos saber lo que es objetivamente cierto. Por tanto, nos basamos en nuestras suposiciones internas sobre lo que es verdad.

Por tanto, se concede a los cinco sentidos un alto grado de relevancia: son el reloj decisivo de nuestras verdades interiores. Hasta cierto punto, somos capaces de reconocer nuestras verdades interiores como falsas, pero esta capacidad es muy limitada. Por lo tanto, cuando programas neurolingüísticamente a una persona, intentas penetrar en su interior hasta tal punto que su verdad subjetiva anterior quede realmente sobrescrita por una nueva verdad subjetiva. Como puedes ver: ¡Este método puede ser enormemente poderoso y puede cambiar a las personas en una determinada dirección a largo plazo!

La PNL parte de la base de que cada uno de los cinco sentidos representa un canal de comunicación independiente al que podemos dirigirnos: Esto se refiere a los cinco canales sensoriales, por lo que los PNListas hablan de **VAKOG**. **V** significa visual, es decir, ver; **A** auditivo -oír-, **K** kinestésico -sentir-, **O** olfativo -oler- y, por último, **G** gustativo -gustar-.

Todas las experiencias se perciben a través de estos canales y se procesan y almacenan en los aparatos correspondientes, los llamados sistemas representacionales, en el cerebro. Todas las experiencias, recuerdos y tu experiencia actual tienen lugar en estos canales y se procesan allí. Las experimentas y almacenas como combinaciones de imágenes, sonidos, sentimientos, olores y sabores. Cada persona utiliza sus sistemas de representación y sus canales de forma totalmente inconsciente casi cada segundo. Tenemos cierta preferencia, también inconsciente, en cuanto a los sistemas y canales que utilizamos con más frecuencia y preferencia.

He aquí un breve ejemplo para ilustrarlo: Un director, por ejemplo, debe tener necesariamente una gran imaginación visual para saber cómo quiere escenificar cada escena de su última película. Esto requiere una imaginación visual practicada, que no tienes si favoreces el canal auditivo. Lógicamente, esto desempeña un papel más importante para los músicos. Componer música requiere no sólo cierto talento musical, sino sobre todo una buena imaginación acústica que te permita oír los sonidos en tu cabeza incluso sin notas ni instrumentos. Esta capacidad puede ser tan pronunciada que puedes oír ciertas cosas aunque estés sordo: basta pensar en Beethoven, que compuso estando sordo en sus últimos años.

Este favorecimiento, en su mayor parte inconsciente, de determinados canales y sistemas puede llegar incluso a influir directamente en nuestro uso del lenguaje. Por ejemplo, las personas que tienden a utilizar el canal visual suelen emplear palabras que también están directamente vinculadas a asociaciones visuales. En estos casos, la elección de las palabras es representativa de la variante de percepción preferida y también se produce de forma inconsciente. En el caso de una presentación en una reunión de negocios, por ejemplo, una persona con una disposición más auditiva dirá: "¡Eso suena muy bien!", mientras que una persona con una disposición visual dirá: "¡Eso tiene muy buena pinta!".

Por tanto, nuestra verdad interior está fuertemente limitada por nuestra constelación personal de percepciones sensoriales favorecidas. Al mismo tiempo, somos especialmente susceptibles a los cambios en nuestra verdad interior precisamente a través de estos canales de comunicación favorecidos. Así pues, si quieres cambiar algo fundamentalmente en otra persona, lo mejor es dirigirte a ella a través de los canales que "entiende" mejor. Por cierto, las personas pueden clasificarse en grupos según sus preferencias de comunicación. Esto da lugar a los famosos tipos de aprendizaje, porque también absorbemos la información más rápida y eficazmente a través de nuestros canales de comunicación favoritos.

Ejercicio 1: ¡Descubre tus canales de percepción favoritos!

Hay varias formas de averiguar qué sentidos prefieres utilizar para percibir las cosas, y la más sencilla es el lenguaje. ¡Tu forma personal de percepción también se refleja en tu lenguaje!

Las personas que pertenecen al **tipo visual** suelen hacer afirmaciones como la siguiente:

"No veo ningún problema ...".

"Me lo (no/bien) puedo imaginar".

"Yo (no) me doy cuenta".

"El significado de todo ello (no) me ha sido revelado".

El **tipo auditivo tiende** a hacer las siguientes afirmaciones:

"Esta idea suena bien/mal".

"Me pregunto...".

"A menudo me digo ...".

"Eso es música para mis oídos".

El **tipo kinestésico** no sólo se relaciona con su sentido del tacto, sino que también valora los sentimientos y la intuición. Como resultado, esto lleva a afirmaciones como éstas:

"Tengo un (des)buen presentimiento".

"Percibo un problema ahí".

"No acabo de entenderlo".

"Mi instinto me dice..."

"Me estremezco al pensarlo".

"Me da frío/calor sólo de pensarlo".

El **tipo olfativo** y el **tipo gustativo** suelen **combinarse**, ya que estos dos sentidos son fuertemente interdependientes, lo que puede dar lugar a las siguientes afirmaciones u otras similares:

"Eso sí que apesta".

"Apesta hasta el cielo".

"Eso huele a fraude".

"Puedo olerlo a kilómetros contra el viento".

"La sola idea me pone enfermo".

"No me gusta nada la idea".

Para averiguar a qué tipo perteneces personalmente, dedica un día entero a prestar más atención a lo que dices en las conversaciones. Para intensificar el ejercicio, es aconsejable grabar una conversación más larga con un amigo, conocido o familiar -suponiendo que estén de acuerdo- para que luego puedas analizar cómo te expresas. También puedes sentarte al final del día y escribir detalladamente todo lo que ha ocurrido ese día.

En particular, escribe tus pensamientos y sentimientos que hayan surgido como reacción a la experiencia. No prestes atención a la forma en que te expresas mientras escribes para no distorsionar el resultado. Sólo después, al leer lo que has puesto por escrito, debes escrutar exactamente qué formas de expresión describen la naturaleza de tu percepción. Una tercera forma de averiguar cuáles son tus canales de percepción preferidos es salir a pasear. No te pierdas en tus pensamientos, sino esfuérzate por observar el mundo que te rodea de la forma más consciente posible. En cuanto vuelvas a casa, siéntate inmediatamente y escribe todas las impresiones que se hayan quedado grabadas en tu mente. ¡Ésta es probablemente la forma más eficaz de rastrear tus canales de percepción favoritos!

TÉCNICAS Y ESTRATEGIAS DE PNL

Anclaje

Al igual que se puede condicionar a los perros para que sigan automáticamente determinadas acciones con determinadas reacciones, tú también puedes condicionar tu propia psique para que siga un estímulo específico con una reacción específica. Es lo que se denomina anclaje, en cuyo caso la reacción es una emoción concreta. A diferencia del reflejo, una reacción totalmente inconsciente e incontrolable ante un estímulo, el anclaje implica condicionar conscientemente la psique para que asocie automáticamente una emoción a un estímulo.

Todo el mundo tiene anclas de este tipo en su vida, pero la mayoría de las veces de forma inconsciente. Si cierras los ojos y te tomas un momento para reflexionar, te vendrán a la mente algunas anclas. Por ejemplo, una canción que asocias con la misma emoción cada vez que la oyes. Lo mismo puede ocurrir con la escena de una película, la contemplación de un cuadro o una fotografía u objetos cotidianos muy triviales, como la marca de un fabricante de automóviles muy concreto. Estos estímulos pueden tener un origen no sólo visual, sino también acústico u olfativo. Casi todo el mundo asocia algún tipo de emoción a una comida, como la famosa sopa de patatas de la abuela, o al aroma de un perfume casi seductor. Todos ellos son anclajes, pero los más importantes y relevantes para la programación neurolingüística son los que provocan los estados emocionales más fuertes e intensos, porque la PNL puede utilizarse para transformar los sentimientos negativos en respuesta a determinados estímulos y sustituirlos por otros positivos.

Este método se basa en el concepto de condicionamiento clásico de Pavlov, que enlaza con los perros mencionados al principio. Ivan Petrovich Pavlov fue un médico y científico conductista ruso que se hizo famoso por sus investigaciones con perros. En el transcurso de una de estas series de experimentos, Pavlov hizo sonar una campana cada vez que se servía una comida a los perros. Este condicionamiento acústico, que hizo que los perros asociaran el sonido de la campana al de la comida, consiguió que no salivaran sólo cuando comían, sino incluso cuando sólo oían el sonido de la campana.

El mismo principio puede aplicarse también a los seres humanos, por ejemplo para vincular los sentimientos de felicidad con un estímulo muy concreto, un desencadenante, y poder evocar así la emoción deseada en cualquier circunstancia y en cualquier momento. No importa qué estímulo se utilice para percibir el desencadenante, ya sea un sonido que oigas o generes tú mismo, una señal visual, olfativa o sensitiva. Cuando se utiliza correctamente, el anclaje funciona con cada uno de los cinco sentidos.

Basta de teoría, aquí tienes un ejercicio para que lo hagas en casa: para anclar un sentimiento, primero tienes que desencadenarlo de forma tangible. Por ejemplo, si quieres anclar en ti el sentimiento de alegría, debes pensar en una situación que te haya producido mucha alegría.

Mientras te concentras en esta sensación, debes intentar relajarte. La sensación de placer debería aumentar gradualmente. Es útil que visualices la situación mentalmente. Concéntrate en tu respiración y cierra los ojos para obtener una imagen concreta. ¿Qué aspecto tenía el entorno cuando sentiste placer? ¿A qué olía? ¿Recuerdas alguna voz hablando en ese momento? En cuanto la sensación en tu interior se haga más fuerte, aférrate a ella y siéntela intensamente. Siente cómo la alegría crece cada vez más en tu interior. En el punto álgido de esta sensación, debes fijar el ancla. Esto significa que hagas un determinado gesto, digas una determinada palabra o toques una determinada parte de tu cuerpo.

Es importante que tu ancla represente algo especial, para que no pueda confundirse fácilmente. Sólo así podrás utilizarla más adelante, cuando quieras evocar el sentimiento de alegría. Cuando la toques, procura que sea un lugar que no toques a menudo por costumbre, como el brazo. No obstante, es aconsejable que te asegures de que puedes mover fácilmente tu punto de anclaje. Ahora puedes probar tu ancla. Despréndete de la sensación de placer y piensa en otra cosa. Cuando estés preparado, puedes soltar el ancla. Si sientes una sensación de alegría, tu ancla ya ha funcionado. Si no es así, puedes repetir el método hasta que surja el sentimiento deseado. A veces, un sentimiento ya está anclado después de la primera vez. Sin embargo, también puedes necesitar varios intentos para anclar la impresión sensorial deseada.

Informe

Mucha gente ya está familiarizada con esta forma del efecto espejo: a algunas personas les afecta inconscientemente. En principio, consiste en que las personas adaptan sus expresiones faciales, gestos y articulación general a la otra persona durante una conversación, es decir, adoptan determinados patrones de comportamiento. Cuanto más simpático se percibe al interlocutor, más rápido se produce este reflejo y más características se ven afectadas. La compenetración debe entenderse como un tipo de relación en la que prevalecen la armonía y la aceptación mutua. Si dos o más personas tienen rapport durante su comunicación, suelen mantener el contacto visual y a menudo sincronizan su postura y su voz. Sin embargo, este efecto también puede invertirse: si reflejas conscientemente determinados gestos y expresiones de la persona con la que hablas, ésta te percibirá más favorablemente y establecerás una relación interpersonal caracterizada por señales positivas: la compenetración.

Calibra

En el contexto de la programación neurolingüística, el término "calibrar" es un sustituto de los términos "calibrar" o "ajustar". Esto significa que el proceso de comunicación descrito repetidamente consiste en adaptarse a la otra persona y, por tanto, reconocer su expresión verbal y no verbal y reaccionar adecuadamente. "Calibrar a una persona" permite conocer o anticipar la reacción de otra persona. También permite saber si una persona dice la verdad o miente. En resumen, "calibrar" significa "percibir". Es una percepción sensible, precisa, observadora y empática del comportamiento, los cambios de comportamiento y las afirmaciones del interlocutor.

También hay que tener en cuenta que no sólo son importantes los estados externos, como las expresiones verbales y las posturas del cuerpo, sino también y sobre todo las señales no verbales que emite la contraparte. Como actor en el contexto de la programación neuro-lingüística, te conviene utilizar la técnica de la calibración. En primer lugar, como ya se ha dicho, debes observar y percibir intensamente a tu contraparte. En un segundo paso, sin embargo, también es importante que te "calibres" con tu contraparte. Esto significa que debes sintonizar exactamente con cómo se comporta la otra persona, por ejemplo, cómo mira o habla, y quizá también cómo se siente al estrechar la mano o abrazar. Con la ayuda de esta "calibración", serás capaz de percibir posteriormente incluso los cambios más pequeños en el comportamiento de la otra persona e interpretarlos en consecuencia.

Marcando el ritmo y dirigiendo

Acompañar y guiar son otras técnicas que forman parte del concepto de programación neurolingüística. El término "marcar el ritmo" significa responder activamente o sintonizar con las sensibilidades de otra persona. Por tanto, el término significa sintonizar o empatizar con el mundo de la otra persona. El marcapasos puede utilizarse para encontrar formas de empatizar con la otra persona de un modo especial.

El término "liderar" describe el área opuesta a la empatía sensible con los demás. El objetivo aquí es arrastrar a otras personas contigo en tus propios esfuerzos. Por lo tanto, significa asumir un papel de líder. Este papel ayuda a responder a las sensibilidades percibidas anteriormente en el marcapasos, para ayudar a la persona y cambiar su experiencia. Por tanto, puede decirse que el marcapasos es una especie de requisito previo para llevar a cabo el liderazgo y, de este modo, poder garantizar los procesos de cambio.

Reencuadre en seis pasos

Éste es quizá el más famoso de todos los modelos de PNL para cambiar hábitos y pautas de comportamiento no queridos o perjudiciales. Como su nombre indica, se lleva a cabo mediante un plan de seis pasos.

El reencuadre en seis pasos es especialmente adecuado para los trastornos psicosomáticos y las pautas de comportamiento que no se producen de forma consciente, sino inconsciente, y que por tanto son difíciles de captar y comprender. Durante el primer paso, el objetivo principal es identificar la característica que quieres cambiar, visualizar claramente que esa característica te está causando problemas y marcarte el objetivo claro de cambiarla.

Así que, en primer lugar, tienes que darte cuenta de quién eres en el fondo. Date cuenta de tu posición actual para poder planificar tus próximos pasos. Ya has interiorizado las características necesarias como base. Algunas pueden estar ya plenamente desarrolladas, otras puede que sólo las tengas como semillas en tu interior. Dependiendo de si decides desarrollarlas más, tendrás que sembrar, regar y nutrir las semillas para que crezcan y se conviertan en nuevos rasgos. Por otra parte, también puede haber rasgos que no te gusten especialmente, pero que tengas muy desarrollados. En este caso, es importante darles forma con tijeras de podar para que las pequeñas plantas nuevas no crezcan en exceso. Tu objetivo interior debe ser un jardín diverso en el que puedas relajarte en una tumbona sin pensártelo dos veces. ¿Qué aspecto tiene el jardín ahora, en este preciso momento? Tómate unos minutos para reflexionar sobre ti mismo y piensa detenidamente en quién eres. ¿Qué caracteriza tu personalidad? ¿Qué te diferencia de los demás?

Para que resulte más fácil de entender, el patrón de comportamiento que hay que descartar se denomina "mala hierba" y el patrón de comportamiento deseado, "rosa", en consonancia con la metáfora del jardín. El segundo paso consiste en analizar el patrón X y comunicarse con él para averiguar cuál es la causa de esta característica.

Esto no es nada fácil y requiere una inmensa concentración, ya que este paso presupone que existe un desencadenante en la conciencia para cada patrón de comportamiento negativo con el que puedes establecer contacto de forma activa. La comunicación con la parte que desencadena el patrón de comportamiento de la "mala hierba" no amada puede funcionar de diversas formas, incluida la no verbal, por ejemplo mediante sonidos. El tercer paso es intentar separar la pauta de comportamiento "mala hierba" de su desencadenante. Aquí se aplica uno de los supuestos básicos de la programación neurolingüística, a saber, que toda acción, todo comportamiento y, por tanto, toda pauta de comportamiento se basa en una intención positiva.

Esto también se aplica a la parte que desencadena el patrón de la "mala hierba" y estropea nuestro jardín, ergo nuestra personalidad. Ahora se trata cada vez más de comunicarse con esta parte y averiguar por qué provoca exactamente el patrón de comportamiento. Si crees que has encontrado una posible intención positiva, tienes que preguntar a la parte responsable de las malas hierbas de nuestro jardín si tienes razón en tu suposición. Si la respuesta a la pregunta es "no", hay que encontrar otro motivo, otra intención positiva. Si la respuesta es "sí", pasamos al siguiente paso del proceso de reencuadre en seis pasos.

El cuarto paso consiste en encontrar alternativas al patrón de comportamiento indeseable de la "mala hierba". En el mejor de los casos, ya se han anclado algunas alternativas para que la parte responsable del patrón pueda, hasta cierto punto, buscar comportamientos alternativos por sí misma.

Al comienzo del quinto paso, comunícate de nuevo con el desencadenante y asegúrate de que está completamente satisfecho con las nuevas alternativas y dispuesto a asumir la responsabilidad de las mismas. Esto proporciona una especie de salvaguarda para el futuro y garantiza que cada una de las tres alternativas sea finalmente reconocida. Ahora es posible comprobar si los nuevos comportamientos también han sido plenamente aceptados; al fin y al cabo, en el paso dos se estableció qué desencadena el patrón X y qué objetivo se persigue con él. A la inversa, esto significa que la reacción esperada puede provocarse con la misma facilidad. Sin embargo, a diferencia de la situación anterior, el desencadenante de X tiene ahora tres nuevas opciones entre las que elegir. Esta flexibilidad permite a la parte desencadenante reaccionar ante más estímulos. El sexto paso no es más que una especie de comprobación ecológica. Por último, no sólo se pregunta al desencadenante del patrón X, sino a cada una de las partes internas de la persona, si están satisfechas con las nuevas alternativas.

Técnica Swish

La técnica del swish ayuda a deshacerse de hábitos no deseados y molestos. Sin embargo, esta técnica es más adecuada para las personas que tienen una gran imaginación visual, ya que el rasgo negativo en cuestión y el rasgo positivo por el que se va a sustituir deben visualizarse en el ojo de la mente. La técnica Swish estándar funciona con las tres submodalidades de tamaño, distancia y brillo. En principio, se trata simplemente de dejar que la imagen del rasgo negativo visualizado se deslice cada vez más pequeña, más oscura y más lejana hasta que finalmente se pierda de vista y el rasgo quede así descartado, y por otro lado dejar que la imagen del rasgo positivo visualizado se haga cada vez más grande, más brillante y más cercana para que sustituya adecuadamente al hábito negativo.

También en este caso, el primer paso es identificar el hábito negativo del que quieres librarte. Por ejemplo, una situación estresante puede desencadenar el impulso de fumar un cigarrillo porque ésta es tu respuesta aprendida al estrés.

Para desarrollar un hábito nuevo y más constructivo en respuesta a tu estrés, necesitas una acción sustitutiva positiva que, idealmente, incluso te ayude a afrontar tu estrés de un modo mejor y más sano y te haga sentir bien. Por ejemplo, en lugar de fumar un cigarrillo, podrías dedicar el mismo tiempo a beber una buena taza de té. El efecto positivo del cigarrillo es sólo una ilusión y el efecto gratificante sólo dura mientras lo fumas. Sin embargo, beber conscientemente una taza de té puede ofrecerte mucho más, tienes una experiencia gustativa positiva, que equivale a un factor de recompensa inicial, y el efecto físico calmante real de la bebida proporciona un efecto de recompensa claramente perceptible y más duradero.

Puesto que, como suele ocurrir con la programación neurolingüística, aquí también se aplica el principio de que toda reacción tiene un desencadenante, el segundo paso consiste en preguntarse qué es lo que precede inmediatamente al hábito no deseado y, por tanto, lo provoca. Por regla general, ese desencadenante es una emoción, normalmente negativa, debido a la cual sale a la luz el rasgo que hay que eliminar, en este caso el estrés.

El tercer paso consiste en visualizar el hábito perturbador y visualizar la reacción que debería sustituir a la negativa. Muchas cosas son adecuadas para ello. Sin embargo, se ha demostrado que el método más fiable es tomarte tu propio reflejo en el espejo, con expresiones faciales y gestos que reflejen las características respectivas con la mayor exactitud posible.

Si puedes ver ambas visualizaciones con la mayor claridad posible en el ojo de tu mente, en el cuarto paso comienza el swish real. Lo mejor es imaginar una especie de pantalla, como un gran televisor o una pantalla. Esta pantalla está completamente llena de la imagen del rasgo negativo, es decir, fumar un cigarrillo. En la esquina inferior derecha aparece ahora, muy oscura y pequeña al principio, la imagen del hábito positivo, es decir, la ceremonia del té. Colorea esta imagen con la mayor claridad y detalle posibles, de modo que puedas saborear y oler el té y sentir cómo se instala la relajación. Cuando lo hayas conseguido, asocia estas sensaciones en tu mente con un color concreto, que luego colocarás sobre la imagen. Éste se hará más grande y más brillante, extendiéndose gradualmente desde la esquina inferior derecha por toda la pantalla.

Al mismo tiempo, la imagen del hábito negativo se hace cada vez más pequeña y oscura, hasta que finalmente se superpone por completo a su homólogo positivo y desaparece por completo. La pantalla queda ahora completamente cubierta por la visualización del rasgo positivo deseado. Esto completa el swish. En el quinto paso, el swish estándar se repite siete veces en el mejor de los casos. El sexto paso es una prueba para ver si el swish ha tenido éxito. Sólo tienes que intentar visualizar de nuevo la característica negativa. Si el swish ha tenido éxito, en realidad debería ser imposible. Si aparece la imagen, hay que repetir el swish estándar. Otra forma de determinar el éxito de este método es realizar una prueba real, es decir, evocar la situación que precedió al hábito no deseado y ver si ha sido sustituida por su contrapartida positiva.

Fobia rápida
Esta técnica de programación neurolingüística funciona con creatividad audiovisual, que puede resultar difícil y complicada al principio, pero que con la suficiente concentración conduce a éxitos sensacionales.

La técnica de la fobia rápida puede utilizarse para hacer desaparecer las fobias a una velocidad récord, de forma sostenible y permanente. Los pacientes con fobias no pueden elegir lo que les da miedo, y cuando se enfrentan a ese objeto, animal o similar, en su cabeza corre automáticamente una película que no puede detenerse y que pone a la persona afectada en una especie de estado de shock.

La técnica de la fobia rápida utiliza esta película reproduciendo una situación estrechamente relacionada con la fobia como una película en blanco y negro delante del ojo interno. Tras unos pasos, se reproduce de nuevo en color. Esto debería hacer desaparecer la fobia tras varias repeticiones. Para comprender y, sobre todo, aplicar esta técnica, primero tienes que ser consciente de qué es realmente una fobia y qué la provoca. La respuesta, al menos a esto último, es sencilla: en tu propia cabeza.

La mente es el origen de todo trastorno fóbico. Lo interesante es que incluso los afectados saben que una fobia es siempre irracional. Se dirige contra un objeto de cualquier naturaleza elegido por la propia mente, sin recurrir a la experiencia personal del afectado.

Esto significa que puedes padecer aviofobia, el miedo pánico a volar en avión, sin haber volado nunca o sin haber tenido ninguna experiencia que pudiera ser la causa de la fobia, a pesar de haber volado. Ésta es también la diferencia fundamental entre una fobia y un trastorno de ansiedad.

También se trata de una forma patológica de ansiedad que presenta casi los mismos síntomas que una fobia. Sin embargo, a diferencia de un trastorno fóbico, un trastorno de ansiedad se basa realmente en una experiencia negativa en relación con el objeto en cuestión. Esto significa que alguien que tiene un miedo pánico y explícitamente no fóbico a volar lo padece porque en realidad ha estado a punto de estrellarse una vez, ha sobrevivido a un accidente o ha perdido a un ser querido en un accidente. En este punto, hay que mencionar expresamente que la fobia rápida sólo ayuda con las fobias y no con los trastornos de ansiedad, que son mucho más graves porque son más traumáticos. Existen numerosas formas de evitar el desencadenante de los síntomas de una fobia.

Si tienes miedo pánico a los ascensores, puedes evitar las escaleras: la fobia sólo se desencadena cuando te acercas al ascensor con la intención de entrar y utilizarlo. Sin embargo, estos métodos de evitación sólo tratan los síntomas, no la fobia real. Y aquí es donde entra en juego la fobia rápida.

Sigamos con el ejemplo de la aviofobia -miedo a volar- y volvamos a la película mencionada al principio, que se reproduce en el ojo de la mente. Se desencadena en cuanto la persona afectada se acerca a un avión, en algunos casos incluso en cuanto entra en el aeropuerto, cuando el cerebro sabe que la situación temida es inminente.

El comienzo de la película es la señal del cerebro de que se ha superado la distancia mínima al objeto del miedo. La película se reproduce como una advertencia final, definitiva, y contiene exactamente el peor escenario posible que se teme, y el cuerpo, como único espectador de la película, reacciona con los síntomas físicos de una fobia: pulso acelerado, sudoración, ataques de pánico, desmayos.

Desde esta perspectiva, puede decirse que el cuerpo no reacciona con pánico al avión o al vuelo, sino a la película que se reproduce en el ojo de la mente. Por tanto, la clave para combatir una fobia reside en controlar esta película: tienes que aprender a controlarla tú mismo. Por cierto, esta película no sólo se desarrolla en relación con el objeto de la fobia. En numerosas situaciones potencialmente peligrosas que no inspiran confianza, el cerebro nos advierte del desastre inminente mediante una película de catástrofes. Sin embargo, a diferencia de los fóbicos, los humanos solemos ser capaces de detener esta película y evitar que surja el miedo en primer lugar.

La técnica de la fobia rápida pretende que la persona que la padece adquiera el control exclusivo de la película interior temida, que se convierta prácticamente en su propio director para superar así el miedo. Esto se consigue mediante dos prácticas básicas.

En primer lugar, te entrenas para ver la película disociada, es decir, por separado y no como parte de tu propio ser, y para verla en blanco y negro en lugar de en color. Una vez reproducida la película, la segunda práctica sirve para reproducirla en color y hacia atrás y, a diferencia de la versión en blanco y negro, reproducirla asociada, es decir, como parte del propio ser de nuevo. Tras un uso regular, la fobia debería estar vencida. Si no es así, puede que en realidad no se trate de una fobia, sino posiblemente de un trastorno de ansiedad, o puede que el miedo tenga un origen completamente distinto.

Por qué la PNL es ideal para la manipulación

Puede que ya tengas una idea de por qué la PNL es adecuada para la manipulación. Sin embargo, nos gustaría volver a tratar brevemente este tema. Ten en cuenta que la PNL tiene su origen en la psicoterapia. A fin de cuentas, la psicoterapia puede considerarse la clase definitiva de manipulación, porque ¿quién podría ser un manipulador con más éxito que una persona que persuade a pacientes con trastornos mentales patológicos para que se comporten de forma diferente?

Personas cuyas pautas de comportamiento a menudo han quedado profundamente grabadas en su propia psique por traumas y otros malos acontecimientos. Quieren provocar cambios a un nivel mucho más superficial en personas que suelen estar mentalmente sanas. Darse cuenta de esto revela todo el potencial de la PNL.

De hecho, incluso dentro de la escena de la PNL, surge una y otra vez la cuestión de cómo protegerse de utilizar la PNL de forma demasiado manipuladora. Muchas de las técnicas están dirigidas a manipular mucho a otras personas desde el principio. Por ello, quienes utilizan la PNL terapéuticamente deben atenerse a determinados protocolos para asegurarse de que no perjudican a sus pacientes. Por tanto, sé consciente del poder que la PNL te da sobre otras personas. Utiliza las técnicas descritas con cuidado y pregúntate siempre si estás haciendo un favor a la otra persona. Entonces no hay nada que decir en contra de su utilización.

Técnicas de manipulación

La responsabilidad que conlleva la PNL ya se ha mencionado en un capítulo anterior. Cualquiera que recuerde estas palabras puede fruncir el ceño sorprendido o incluso dudar y preguntarse cómo es posible que el uso responsable de los métodos de la PNL y la palabra manipulación puedan ir de la mano.

Esta duda se debe a la connotación principalmente negativa de la manipulación, que suele entenderse como una forma negativa de influir. Por regla general, se manipulan las acciones, los pensamientos y/o los sentimientos de la otra persona, la persona manipulada. Siempre se asume -y esto también explica la connotación negativa- que el manipulador actúa puramente por interés propio y -como ya se ha mencionado al principio- acepta conscientemente el posible daño a la persona manipulada.

Otro supuesto básico que da mala fama a la manipulación es que la persona manipulada sólo puede dejarse influir a regañadientes y en una posición que le es desfavorable y, por lo tanto -que es el tercer supuesto básico- se resiste a la manipulación y debe ser "combatida" en un sentido psicológico para que la influencia negativa se vea coronada por el éxito. Estos son los prejuicios contra el concepto de manipulación y son muy cuestionables, ya que todos se basan en el supuesto básico de que toda persona que ejerce influencia de forma consciente y deliberada actúa por motivos egoístas.

Por egoísmo, el manipulador intenta imponer su opinión, su forma de pensar, etc. a la persona manipulada. Esto ignora completamente el hecho de que todo el mundo es manipulado casi todos los días, tanto consciente como inconscientemente. Incluso cosas tan supuestamente sencillas como el lenguaje corporal ya explicado y las modificaciones deliberadas del mismo para crear un efecto inducido conscientemente entran en la categoría de manipulación. Los profesores manipulan a sus alumnos de formas diversas y -en contra de los supuestos básicos mencionados- inofensivas y, sobre todo, para los directivos de las empresas, numerosas opciones de manipulación resultan elementales para el éxito de la política de personal. Para demostrar que la manipulación es mucho menos dañina de lo que sugiere su reputación y explicar los aspectos útiles de la influencia consciente e inconsciente, a continuación se describen diversas técnicas de manipulación que todo el mundo es capaz de utilizar.

EL REGISTRO COLGANTE, TAMBIÉN CONOCIDO COMO LA REPETICIÓN

Una de las formas de manipulación más comunes y, como su nombre indica, más inofensivas. Experimentamos este aspecto de influir deliberadamente en las acciones y pensamientos de los demás todos los días en la publicidad: cientos de anuncios se repiten varias veces de anuncio en anuncio. El trasfondo de todo esto es que las personas son criaturas de hábitos: cuanto más a menudo se les presenta algo a través de sus canales de percepción, más natural les resulta el objeto anunciado, más a menudo piensan en él y más dispuestos están a comprar el producto en cuestión.

LA TRAMPA DE LA INERCIA

Esta técnica de manipulación también es bien conocida y muy popular. También se conoce como técnica del "pie en la puerta" y resultará familiar a la mayoría de los lectores, ya que la mayoría de ellos han caído ellos mismos en esta "trampa". Se suele utilizar en todo tipo de supermercados, centros comerciales o grandes tiendas especializadas, así como en lugares públicos como estaciones de tren o lugares populares del centro de las ciudades.

Casi todo el mundo se ha topado, en algún momento de su vida, con un puesto de venta de periódicos, de participaciones en concursos generosos e incluso demasiado tentadores o, simplemente, de una nueva gama de determinados productos alimenticios que han aparecido en el mercado. Se te acercan unos amables vendedores y te preguntan si quieres uno de los productos descritos -gratis, por supuesto- y caes en la trampa tendida. Si muestras interés por la oferta, el vendedor utiliza todo su encanto e intenta por todos los medios ganarse al cliente a largo plazo.

EL TRUCO DE LA AMISTAD

Esta técnica de manipulación es ideal para romper el hielo con un desconocido y puede utilizarse, por ejemplo, en los primeros días en un nuevo lugar de trabajo para entrar en calor con los nuevos compañeros de trabajo. El truco de la amistad se basa en un principio de comunicación que hace hincapié en el mayor número posible de similitudes entre los interlocutores y se combina en cierta medida con la técnica de la repetición. Un ejemplo de conversación entre dos desconocidos:

Persona A.: "Me encanta salir a comer al restaurante XY. La comida allí es de primera".

Persona B (manipulador): "¡Yo también he estado allí, y todavía hoy me sorprende el ambiente!"

Persona A: "¿Ah, sí? ¿Y qué le dices a ...”

Ya se ha iniciado una conversación entre las dos partes y la persona A tiene la sensación de que está en la misma onda que la persona B simplemente porque les gusta el mismo restaurante: se ha roto el hielo. Sin embargo, el truco de la amistad también lo utilizan a menudo los vendedores para sugerir una sensación de familiaridad y coincidencia a los clientes potenciales, lo que en última instancia debería conducir a la venta de un determinado producto.

MANIPULACIÓN MEDIANTE LA CREACIÓN DE MIEDO

Cualquiera que quiera manipular creando miedo está utilizando la característica humana, raramente útil, de pensar generalmente de forma subjetiva y sentir irracionalmente. En una reunión de negocios, por ejemplo, el manipulador prepara a la audiencia durante un tiempo para crear miedo utilizando un contenido especialmente emotivo en la presentación, el discurso, etc. o utilizando un estilo de entrega apasionado.

Metafóricamente hablando, esto abre un canal emocional para los oyentes, que ahora son mucho más receptivos a la creación del miedo. Éste es causado en última instancia, por ejemplo, por la versión más sombría posible del futuro de la empresa si no se aplican determinados cambios deseados por el manipulador por el bien de la empresa. Cuanto mayor sea el grupo de oyentes, más miedo sentirá en última instancia cada individuo, a través de una especie de efecto rebaño, que también ha sido responsable de muchos pánicos masivos.

INSTINTO DE MANADA

Esta forma de manipulación suele producirse inconscientemente y también puede observarse en muchos lugares de trabajo. Se basa en el fenómeno de que, en muchas situaciones, una persona individual siempre sigue a un grupo, un grupo pequeño sigue a un grupo grande, un grupo grande sigue a un grupo aún mayor y así sucesivamente. Lo que hace un grupo grande siempre es percibido como correcto por el siguiente grupo más pequeño y, en consecuencia, es imitado. Al igual que en el truco de la amistad, la fase de familiarización de una persona en un nuevo entorno de trabajo también sirve aquí de ejemplo.

Si estás acostumbrado a una determinada rutina de trabajo o filosofía corporativa de tu anterior empleador y la del nuevo empleador te parece totalmente contradictoria y contraria a la anterior, no tardarás en interiorizar los nuevos procesos de trabajo y, gracias a la aprobación de tus compañeros de trabajo, que no están acostumbrados a otra cosa, acabarás aprobándolos. Tus propias opiniones y convicciones siempre se adaptan a las del rebaño. Es aterrador, pero cierto.

TRUCOS EMOCIONALES

La manipulación a través de los sentimientos es bastante fácil, ya que nuestros sentimientos no apelan a nuestro intelecto. Si nuestra preocupación no puede realizarse en el plano de los hechos, puede ser posible hacerla pasar por el canal emocional. Este tipo de manipulación se utiliza para limitar o interrumpir la capacidad de crítica de la otra persona. El truco emocional se utiliza, por ejemplo, con fotos tristes en galas de recaudación de fondos.

¿Cómo reconoces la manipulación de los demás?

¿Estoy siendo manipulado o no? Esa es la cuestión. Cualquiera que conozca las técnicas de manipulación sabe lo que ocurre. Dondequiera que camines y te pares, manipulas: en el tren, en el tranvía, en el restaurante, simplemente en todas partes, y lo haces con las palabras, las manos y los rasgos faciales. Éstas son las señales que envías, y también eres manipulado a cambio. En principio, no tienes que preguntarte si te manipulan: te manipulan.

Todo el mundo intenta hacer valer sus intereses y venderse bien. Pero hay una técnica de manipulación que muchos no tienen: la confianza en sí mismos. Pero esto es tan importante como la mantequilla sobre el pan. Hay profesionales que siempre consiguen lo que quieren porque viven según el **principio de los cuatro métodos de manipulación**.

EL PRINCIPIO DE MANIPULA-CIÓN DE LOS CUATRO MÉTODOS

1. Quieren destruir tu confianza en ti mismo: Sólo señalan tus errores y lo que haces mal en concreto. Sólo quieren hacerte sentir cada vez peor.

2. Te castigan con el desprecio y la ignorancia: si necesitas ayuda, intentan mantenerte abajo. Te obligan a seguir sus acciones, de lo contrario no te ayudarán.

3. Ignoran la realidad y plantean burdas teorías: siembran el miedo en los debates y quieren incitar a los demás. Ellos mismos se alegran cuando los demás se destrozan y luchan entre sí.

4. Mantienen pequeña tu personalidad: se sienten más fuertes y quieren que sigas siendo pequeña. Mientras te sientas mal, sigues adelante y disfrutas.

¿QUÉ HAY DETRÁS DE UNA PERSONALIDAD MANIPULADORA?

¿Eres uno de ellos o tienes que aprender a manipular desde cero? Nos manipulan todos los días, cambian nuestras acciones y pensamientos y ni siquiera nos damos cuenta. Probablemente ni siquiera la persona que manipula. Impone su voluntad, nada más. Sin embargo, la manipulación puede ser ciertamente una forma de control si se lleva a cabo a sabiendas. En consecuencia, hay autores y víctimas si la manipulación no es direccional, sino puramente negativa.

Hay víctimas manipuladas más que suficientes. Hay muchas personas con un trastorno narcisista de la personalidad, y a estas personas les encanta intimidar a los que les rodean. Estas personas dan miedo y te hablan constantemente con desprecio. Son irrespetuosas e ingratas, amenazadoras y agresivas. Estas personas son todas estas cosas.

Pero si tú mismo eres una persona que manipula a los demás, entonces nunca debes tratar a los demás de esta manera. Es más inhumano que humano. Sin embargo, estas personas llegan muy lejos con su manipulación, ya que están casi casadas con la palabra intimidación y han interiorizado el comportamiento manipulador. Este comportamiento es casi comparable al de una araña y su tela: envuelve a su presa hasta que acaba alimentándose de ella. De este modo, estas personas te roban hasta la última de tus energías. Pero si una persona como tú se encuentra con esta persona tan manipuladora, las tornas cambian. Tú también puedes manipular y no caerás en la tela de esta araña. La manipulación es una combinación de política, sociología y psicología.

Y así es como funciona la manipulación con estas personas, así que cuidado: se trata de pura influencia, que es exactamente lo que caracteriza a las personas que casi padecen un trastorno de la personalidad. La influencia se utiliza muy a menudo como sinónimo de manipulación. Sin embargo, carece del aspecto de explotación selectiva, que sí tiene la manipulación. En política, se hablaría de propaganda en este contexto.

De este modo, la manipulación de la política sirve para difundir ideas ideológicas con el fin de influir en las opiniones del público. La influencia emocional es contraria a nuestros principios democráticos, ya que los seres humanos queremos tomar decisiones libres y autónomas. Queremos tomar decisiones que surjan de nuestra razón y pasión. Sin embargo, la influencia externa puede formar parte de ello. Simplemente nos manipulan. Las personas que nos influyen de forma puramente negativa nos limitan y nos hacen sentir pequeños. No dejes que estas personas te asusten y sal de su neblina, porque contaminan el aire.

Principios de la comunicación humana

Aunque no quieras en algunas situaciones, siempre te estás comunicando, en todo momento y a cada segundo. Si no es a través de las palabras, es a través del lenguaje corporal, es decir, de los gestos, las expresiones faciales y la articulación en general. Lo complicado del lenguaje corporal es que, mientras que -al menos en la mayoría de las situaciones- tomas decisiones conscientes y controladas sobre las palabras que dices, el usuario inexperto rara vez tiene control sobre el lenguaje corporal, lo que significa que lo que dices a veces puede ser bastante absurdo. Los gestos de una persona -y no importa si son signos claramente reconocibles o los llamados microgestos- revelan mucho sobre el autor y su carácter al ojo entrenado. La incredulidad surge a menudo, por ejemplo, cuando la articulación no coincide con lo que se dice. La imagen no es redonda y delata intenciones dudosas. La palabra hablada no siempre es convincente. La mayor parte de la comunicación es no verbal. Los vendedores, en particular, utilizan un 90% de comunicación no verbal, porque el lenguaje corporal es su elemento de comunicación. Por otra parte, la armonía de palabras y lenguaje corporal transmite una sensación de gran autenticidad y credibilidad. Por tanto, se puede afirmar que el lenguaje corporal desempeña un papel decisivo, si no el decisivo, en la comunicación humana.

¿Te has dado cuenta alguna vez de que en una conversación utilizamos más los oídos que los ojos? Por supuesto que escuchamos atentamente, pero lo que decimos y nuestra postura no siempre coinciden. El cuerpo no miente en la forma de expresarse y no puede ocultar ni disimular muchas cosas. Nos expresamos más intensamente con nuestro lenguaje corporal que con nuestra voz. En consecuencia, nuestra postura traiciona nuestros pensamientos, porque no podemos escondernos tras ella tan fácilmente. Por ejemplo, sólo utilizamos el tono de nuestra voz el 38% del tiempo y sólo el 7% en el resto de nuestra comunicación. La imagen global surge del lenguaje corporal. Quienes tienen éxito tanto en los negocios como en la vida privada siempre se presentan de forma holística. Si retrocedemos unos pasos en nuestras vidas, los bebés se comunican mediante sonidos, pero también en gran medida mediante gestos y expresiones faciales. Esto nos permite, como padres o abuelos, interpretar cómo se sienten.

Nos entendemos prácticamente sin palabras. Por tanto, el primer paso es la comunicación no verbal, que es la codificación final. Nos comunicamos a través de nuestra postura, expresiones faciales y gestos, y después utilizamos las palabras. En cierto modo, esto ocurre de forma totalmente inconsciente y forma gran parte de nosotros. Un portavoz en una clase propia. Somos más auténticos y honestos que con las palabras. No nos disfrazamos con el lenguaje corporal. Suele producirse espontáneamente como resultado de una reacción. Esto nos hace parecer más auténticos y emotivos.

Lo fascinante del lenguaje corporal, sin embargo, es que no sólo influye en la forma en que los demás perciben tu carácter: si te presentas con la confianza adecuada en ti mismo, también puedes cambiar tu autoimagen para mejor. No en vano, muchos entrenadores motivacionales empiezan por el lenguaje corporal de sus clientes, ya que éste puede tener una influencia asombrosa en el carácter cuando se desarrolla de forma positiva. El primer paso y el más importante en esta dirección es comprender que el lenguaje corporal es, en la mayoría de los casos, completamente inconsciente y sólo puede utilizarse cuando empiezas a hacer uso de él conscientemente. Con suficiente práctica, cada gesto será exactamente como debe ser, desde el más leve movimiento de los dedos hasta el juego de las cejas, y se podrán conseguir los efectos deseados con la otra persona.

Cualquiera que trabaje intensamente con el lenguaje corporal puede afirmar que es una persona con talento. También te permite penetrar profundamente en la psique de la otra persona. A menudo basta con una mirada, porque los gestos y las expresiones faciales funcionan muy bien juntos. Antes incluso de decir una palabra, la persona que domina el lenguaje corporal sabe con quién está tratando. Así que estate atento y no dejes que las palabras te desanimen, es más probable que el cuerpo diga la verdad. Por tanto, el efecto del lenguaje corporal es fenomenal y único, y debería destacarse mucho más.

Uno de los indicadores más importantes del lenguaje corporal no son los gestos, sino los ojos humanos. Éstos no sólo se utilizan para la identificación -es bien sabido que cada persona tiene un par de ojos únicos-, sino que también puedes sacar conclusiones asombrosas sobre el carácter y el estado de ánimo de su propietario leyendo específicamente sus ojos. El contacto visual intenso puede ser una experiencia especialmente agradable o desagradable, dependiendo de con quién lo mantengas, aunque básicamente no estéis haciendo otra cosa que miraros el uno al otro. Esto se debe a que los ojos -por utilizar un dicho muy conocido- son la ventana del alma y te sientes a merced de un contacto visual especialmente prolongado. Cuando se trata de la primera impresión, la mayoría de la gente se orienta por los ojos (y las expresiones faciales en general) de la otra persona, sacando conclusiones conscientes e inconscientes sobre el carácter a partir de las expresiones oculares y faciales. No se trata de hallazgos nuevos y espectaculares de ninguna universidad ni de los últimos avances en el comportamiento humano, sino todo lo contrario. Desde que existimos, los Homo sapiens hemos leído los ojos de nuestros semejantes y hemos intentado identificar las intenciones y sentimientos emergentes.

La pregunta sigue siendo: ¿qué puedes reconocer exactamente en estos ojos únicos y a menudo misteriosos? Las emociones particularmente fuertes y evidentes son las más fáciles de reconocer. La alegría, la ira o el miedo son difíciles de ocultar y pueden leerse en los ojos incluso con un alto grado de autocontrol. Esto se debe simplemente a que la expresión de los ojos es, en gran medida, el resultado de las contracciones de los músculos internos del ojo, que son provocadas directamente por el sistema nervioso autónomo y, por tanto, no pueden controlarse conscientemente, de forma similar a los latidos de tu propio corazón, por ejemplo. La pupila, o más bien su tamaño, es especialmente revelador. No sólo depende de la incidencia predominante de la luz: se sabe que la pupila se dilata en condiciones de luz oscura, mientras que se contrae por los músculos del iris en condiciones de luz brillante. También podemos notar las pupilas dilatadas en nuestros interlocutores durante la ansiedad, por ejemplo. Esto se debe a que, cuando nos sentimos ansiosos, nuestro cerebro siente automáticamente la necesidad de atención y, al dilatar la pupila, garantiza una mayor incidencia de la luz y, por tanto, una mejor percepción de nuestro entorno. Sin embargo, la condición principal para interactuar con otras personas es que, en general, haya gente disponible con la que interactuar. Éste es el caso de la mayoría de las personas.

Todo el mundo tiene contactos sociales, familia y un círculo de amigos. La soledad no es nada buena para la mayoría de la gente -bastantes investigadores dirían "todo el mundo" en este punto-. La mera idea de estar solo, si lo piensas hasta su conclusión lógica, evoca sentimientos de malestar y melancolía. Sin embargo, en algunas situaciones de la vida, la soledad es temporalmente inevitable. ¿Cómo se las arreglan las personas para afrontarla y por qué son tan importantes para ellas los contactos sociales? No es ningún secreto que la necesidad humana de amigos e interacción social es evolutiva. Al fin y al cabo, el hombre prehistórico sobrevivía mejor en manada, donde estaba mejor armado contra los ataques del exterior y podía garantizar unas condiciones de vida cada vez mejores a lo largo del tiempo. Esta idea está tan profundamente arraigada en su ADN que no ha podido desprenderse de ella hasta nuestros días. En situaciones en las que no podemos evitar la soledad temporal, también somos muy conscientes de ello. Por ejemplo, si cambias de lugar de residencia, de trabajo o dejas la casa de tus padres por primera vez, la fase de familiarización suele ser difícil debido a la falta de contacto social.

Otra prueba de la importancia de un círculo de amigos nos la proporciona la industria del entretenimiento, o mejor dicho, la industria del cine y las series. Desde luego, no es casualidad, por ejemplo, que las comedias de más éxito de los últimos años, desde "Friends" a "Cómo conocí a vuestra madre" o "Big Bang Theory", traten todas de amigos diferentes que viven juntos. Estas series no ofrecen ningún drama en particular, ni acción ni persecuciones salvajes. Básicamente, nos limitamos a ver a los mejores amigos llevando juntos su vida cotidiana, ciertamente bastante peculiar e inusual.

El mensaje de esta serie es el mismo en casi todos los episodios: la amistad es lo más importante en la vida. Cuando Ted Mosby vuelve a fracasar con las mujeres y se sienta abatido en su piso, sus amigos siempre están ahí para él. Se apoyan mutuamente, ríen y lloran juntos.

Juntos: éste es el gran secreto, tanto para el éxito de la serie en cuestión como para la vida cotidiana. Si comparas científicamente a dos personas, una de las cuales es feliz en la vida y la otra infeliz, en varios casos la felicidad se deberá a la presencia de contactos sociales y la infelicidad a la falta de ellos. Si tienes personas en tu vida con las que puedes compartirla, con las que puedes compartir tanto los momentos alegres como los tristes y devastadores, tu visión de tu propia identidad, de tu propia existencia, es mucho más optimista y alegre que si tienes que vivir solo todas las situaciones que te depara la vida en toda su diversidad.

Pero la soledad no sólo hace infelices a las personas. En ciertos casos, la falta permanente de contacto social puede incluso provocar enfermedades físicas. Sobre todo si el entorno social no es precisamente propicio para saltar de alegría. Si el entorno social de una persona es aburrido, sombrío y sin alegría, esto repercute automáticamente en su propia psique. Aunque esto no significa necesariamente que un entorno negativo produzca una persona negativa, puede reforzar predisposiciones pesimistas ya latentes e intensificar un estado de ánimo depresivo y solidificarlo en el núcleo del carácter. Por otra parte, un entorno positivo rara vez tiene un efecto negativo en una persona y, al igual que las circunstancias negativas, puede repercutir en rasgos de carácter y actitudes básicas ya latentes.

Interpretar las señales inconscientes de nuestro cuerpo

En una conversación, una discusión o en nuestro mundo emocional, se producen gestos inconscientes. Surgen casi por reflejo. No se trata sólo de una reacción ante algo determinado, sino de un sentimiento sincero. Lo expresamos inmediatamente y sin pensar.

Estas señales inconscientes suelen surgir cuando recibimos malas noticias. Reaccionamos inmediatamente y normalmente sin ningún control sobre nosotros mismos. Lo mismo ocurre con las sorpresas felices, pero también con la tensión y el miedo. Así, nuestro cuerpo se comunica inconscientemente.

Patrones de movimiento ocular

Los movimientos de los ojos pueden proporcionar información sobre cómo se desarrollan probablemente los procesos mentales en el cerebro de la persona. No obstante, hay que insistir en que no es aconsejable llegar a una conclusión demasiado rápido y tomar una decisión precipitada.

Construir procesos de pensamiento y recordar lo que ya se ha experimentado no es un proceso sencillo, cuya respuesta veraz corresponde exclusivamente a la propia persona. También debe tenerse en cuenta que, por lo general, puede observarse una secuencia de movimientos oculares y, por tanto, patrones de movimientos oculares. Esto se debe al hecho de que cada persona pasa por una variedad de procesos de pensamiento y, por tanto, pueden reconocerse distintos patrones de movimientos oculares. Por último, cabe señalar que las siguientes ilustraciones de patrones de movimientos oculares se centran generalmente en personas diestras.

Si tú o la persona que tenéis enfrente sois zurdos, puede que tengáis que invertir las explicaciones, ya que entonces los movimientos oculares suelen invertirse.

A continuación, se distingue entre movimientos oculares hacia arriba y hacia abajo, así como hacia la izquierda y hacia la derecha, quietos en la horizontal o en el plano horizontal o centrados.

Si la mirada de la otra persona se dirige **hacia arriba,** puedes suponer que esa persona favorece el sistema de representación visual para recibir información. Si la mirada se dirige entonces hacia arriba **a la izquierda, puede decirse que la información** representada visualmente es información recordada. Esto significa que tu interlocutor probablemente ve en el ojo de su mente situaciones que ya ha vivido antes. En otras palabras, la persona recuerda entonces imágenes familiares.

Para probarlo con una persona de tu elección, podrías, por ejemplo, preguntar de qué color es la cocina de tus padres, o cómo está amueblada la habitación de un amigo o conocido.

En cambio, el movimiento ocular de la **parte superior derecha muestra** que tu interlocutor visualiza cosas y situaciones, pero no recuerda esta representación, sino que la **construye**. Esto significa que las visualizaciones de este tipo nunca han ocurrido antes o que la persona nunca las ha visto con sus propios ojos. Es posible que puedas deducir de ello cuál de las dos formas de memoria utiliza una persona. Esto te ayudará a alinear y optimizar tu comunicación en consecuencia.

Una vez explicados los movimientos oculares hacia arriba, parece apropiado examinar ahora los patrones de movimiento ocular orientados hacia **abajo.** Los patrones de movimiento de este tipo no pueden asignarse globalmente a un sistema de representación preferido. Sin embargo, se vuelve a distinguir si la mirada se dirige **hacia abajo y a la derecha** o **hacia abajo y a la izquierda**.

Los patrones de movimiento ocular que se producen con mayor frecuencia hacia **la parte inferior izquierda** muestran que tu interlocutor está **manteniendo un diálogo interior consigo mismo**. Este proceso de diálogo interior suele tener lugar a nivel auditivo. Esto significa que cuando tu interlocutor mira hacia la parte inferior izquierda, suele estar hablando consigo mismo para discutir algo consigo mismo. A través del diálogo interior, intenta llegar a un acuerdo y encontrar una solución.

Sin embargo, si los ojos de tu compañero de interacción se dirigen hacia **la parte inferior derecha,** esto puede asignarse claramente al sistema de representación cinestésico. Esto significa que en la cabeza de esta persona se están produciendo procesos cinestésicos durante sus pensamientos. La persona de enfrente está sintiendo algo o está **implicada emocionalmente**. También es posible que la otra persona esté evocando un sentimiento.

Las señales conscientes de nuestro cuerpo

Sí, también tenemos habilidades entrenadas. Éstas se expresan con una mirada concentrada, un apretón de manos seguro y la conocida cara de póquer. Esto permite sacar conclusiones sin palabras. Lo sabemos por la autoobservación, los gestos y la observación. Las señales conscientes siempre tienen un objetivo y pretenden provocar una reacción o una intención, ya sea en una entrevista de trabajo, en un despido o en una conferencia. Cara a cara en versión no verbal: así es como se hacen los negocios en la vida profesional. Sólo es importante no dejar que las señales del cuerpo queden demasiado al margen, de lo contrario expondremos sin piedad nuestros sentimientos y pensamientos. Un observador entrenado puede leernos mejor de lo que nos gustaría. Por eso es importante que nunca dejes que nadie mire tus cartas durante las negociaciones o discusiones. Preséntate de forma profesional y con pleno esfuerzo físico.

LAS REGLAS DE ORO DEL LENGUAJE CORPORAL

Estemos donde estemos, la comunicación no verbal nos acompaña allá donde vayamos y estemos donde estemos. A veces expresa lo contrario de lo que decimos. Por eso ocupa un lugar central y es más importante de lo que pensamos. Enviamos señales y nos expresamos sin palabras. A continuación puedes leer las reglas de oro para un mejor intercambio no verbal que pueden ayudarte a tener éxito.

Pobre
¿Qué dicen los brazos en qué posición y postura? Cruzar los brazos delante del pecho tiende a señalar una postura defensiva o de protección. Por tanto,

actúan como una barrera. Si, por el contrario, cruzas los brazos detrás de la cabeza o tienes las manos entrelazadas detrás de la nuca y los codos están deliberadamente estirados hacia fuera, significa algo así como "soy el líder de la manada y reboso confianza en mí mismo". Luego hay otra variante de los codos, pues si apuntan hacia la persona con la que hablas, no significa otra cosa que no deben acercarse demasiado.

Contacto visual

Parecer relajado y no mirar fijamente, pero sin perder de vista a la persona con la que hablas: en eso consiste la comunicación no verbal. Sin embargo, es importante poder mirar a la otra persona a los ojos. De lo contrario, parecerás inseguro y cohibido.

Distancia

No pongas de los nervios a nadie y date a ti mismo y a los demás la burbuja del espacio. Todos vivimos con ella inconscientemente. De lo contrario, estamos invadiendo el espacio personal de los demás. La regla general es: un brazo extendido es suficiente y proporciona la distancia individual necesaria. Demasiada proximidad se traduce en un comportamiento defensivo.

Apretón de manos

El primer contacto físico entre dos personas no es un beso, no, en los negocios es un apretón de manos. No es banal, porque dice más que mil palabras. Parece muy sencillo, pero no lo es. ¿Cómo estrecho la mano correctamente sin parecer torpe o inseguro? Es importante encontrar el término medio, un apretón corto y firme y no demasiado largo, por favor. No querrás calentar la mano del otro. No le cojas toda la mano, sólo la parte delantera hasta los dedos y no olvides estrechársela tres veces. Y no con un temperamento exuberante.

Manos

Puedes saber rápidamente con quién estás tratando mirando sus manos. Una persona abierta no cierra las manos. En este caso, los dedos no están entrelazados porque la persona está abierta a la conversación y a las cosas nuevas. Si, por el contrario, las manos están cerradas, entran en juego las armas no verbales, que a su vez indican un comportamiento defensivo. Si alguien está pensando, las puntas de los dedos de ambas manos se entrelazan suavemente.

Postura

No entres en una habitación encorvado, camina recto. Esto no debe parecer arrogante, sino que muestra cierta presencia. La postura demuestra estabilidad y aporta confianza en uno mismo. Mantén la calma y la compostura y no hagas gestos agitados o excitados. Un comportamiento tranquilo tiene un efecto calmante.

Sonríe

Cuando entres en una sala -puede ser para una reunión o una presentación- empieza por situarte. Sonríe de forma relajada y deja que todo se asimile por un momento. Una sonrisa convence y anima a los demás a simpatizar contigo.

Lenguaje corporal y PNL

El importante concepto de programación neurolingüística propicia el cambio y la comunicación asociada. Neurolingüística: El cerebro y el lenguaje sirven como herramienta eficaz y están estrechamente relacionados con el lenguaje corporal. Así es como reacciona la gente, porque en principio anhelamos un sistema de guía. Todo el mundo necesita un "lobo guía" y tú también. Basándose en la información disponible, una persona funciona casi a la perfección y toma las decisiones correctas.

SIMPATÍA

Puedes llegar lejos con simpatía, se te abren puertas y compuertas y esto es exactamente lo que debes utilizar para manipular. Estas reglas valen su peso en oro y permiten que la manipulación funcione totalmente para ti, porque si te ganas su confianza, la manipulación no les resultará desagradable. Al contrario, se sentirán halagados.

Las reglas de oro de la simpatía

Regla nº 1 Mantén el contacto visual sin mirar fijamente y sonríe con habilidad. Esto, a su vez, transmite franqueza.

Regla nº 2 Señala tu atención para adoptar discretamente el lenguaje corporal de la otra persona. La otra persona podría entenderlo como: "Soy como tú, te escucho y te creo".

Regla nº 3 Llama regularmente a la persona con la que hablas por su nombre de pila, porque seamos sinceros: nos encanta oír nuestro nombre. A ti también.

Regla nº 4 Da siempre una opinión sincera y predica con el ejemplo en nuestra sociedad.

Regla nº 5 Sé educado y amable, ofrece bebidas y entabla conversaciones triviales. Esto, sin duda, eliminará la tensión y el nerviosismo de la (nueva) situación.

Regla n° 6 La empatía, o compasión, y la capacidad de empatizar con la situación y las emociones de otra persona, genera mucha confianza.

Regla n° 7 Busca cosas que tengáis en común. Pueden ser intereses y aficiones, que también pueden ayudar a generar confianza.

El poder de la psique

A menudo empieza con una sonrisa inocente y luego la manipulación sigue su curso. Estamos sujetos a muchos mecanismos, empezando por nuestros sentimientos, pensamientos, emociones y comportamiento. ¿Eres una persona ambiciosa y sabes lo que quieres? Entonces tu psique es fuerte, eres equilibrado y decidido. No todo el mundo puede decir eso de sí mismo, pero tú eres uno de ellos. Eres capaz de manipular a la gente y utilizar tu simpatía, tu simpatía, lo que inmediatamente pone a tu interlocutor de buen humor. Éste es tu instinto y tu psique te guía. Tu psique trabaja mano a mano contigo y elaboras hábilmente algunas estrategias de manipulación. Pero, ¿cómo consigues que los demás hagan lo que tú quieres? Muy sencillo: con la manipulación. Incluso el elogio por sí solo puede ser una manipulación oculta. Le dices a tu empleado que sólo le ves detrás del proyecto. Se siente halagado y se pone manos a la obra inmediatamente. En realidad, quieres que el proyecto se termine lo antes posible.

¿Sabías que incluso enfurruñarse es una estrategia de manipulación? Lo es y no sólo conlleva un sentimiento negativo, porque enfurruñarse también quiere conseguir algo. A los niños se les da bastante bien, e incluso los adultos no han olvidado cómo enfurruñarse. Por tanto, se aplica lo siguiente: quien se enfurruña tiene algo que decirte encubiertamente y, desde luego, no caigas en este truco emocional. Por un lado manipulamos, por otro comunicamos. A veces es una batalla encubierta que utiliza medios injustos. Pero gana el que expresa más poder de persuasión. Piensa muy bien cómo procedes en la vida y qué medios utilizas para ganar. La manipulación tiene el mismo poder que tu psique, porque eres guiado y controlado principalmente por ella. Nuestra psique puede sentir, pensar, percibir y hacer una profecía autocumplida. Refleja nuestro comportamiento.

Ya sea información, acontecimientos complejos o estímulos individuales, tu ordenador de a bordo lo tiene todo bien guardado. También aprende a hacerse amigo de la manipulación. El cerebro percibe y se producen efectos emocionales. Necesitas tener un control firme de tu psique cuando manipulas, y algunas tácticas requieren nervios de acero. Con tu aguda percepción, puedes analizar mejor tu entorno, leer a las personas y evaluarlas de forma óptima. Ésta es precisamente la habilidad que posees. Estas ventajas son muy útiles tanto en tus negocios como en tu vida privada.

Aquí es donde entra en juego otro ayudante de tu psique: tus sentimientos. Los sentimientos y las sensaciones son las señales de tu vida. ¿Sabías que sentimos antes de pensar? Empezó en el útero y este sentimiento es como un instinto primario. Es nuestra señal e indica nuestras necesidades: Hambre, sed, sueño, calor, amor, seguridad y afecto. Nuestra confianza básica ha crecido con nosotros. Si tienes una personalidad fuerte, dispones de un amortiguador emocional. Esto, a su vez, se utiliza en la manipulación y, como una sonrisa, puede abrirte puertas. Cualquiera que reivindique la manipulación para sí mismo debe ser uno con su psique. Por eso se ha incluido el tema en este libro. Las personas con un pasado inestable nunca verán la manipulación como una herramienta de poder. Suele asustarles, evitan estas capacidades puramente humanas y es más probable que se dejen manipular que que vean la manipulación como un medio para conseguir un fin. Por lo tanto, nuestro mundo de pensamientos es de nuestra propiedad; somos reacios a dejar que nadie mire en nuestro mundo emocional.

Cualquiera que manipule las ha bloqueado de todos modos y actúa de forma puramente efectiva, especulativa y también manipulativa. Gran parte de esto, como el sentimiento, forma parte de nuestras raíces evolutivas y éstas también expresan nuestros deseos, anhelos y necesidades. Pero tienes todos estos rasgos evolutivos bajo control sin pestañear. Como puedes ver, nuestro cerebro realiza una labor de amor que no debe subestimarse, día tras día. Todo está memorizado y se puede recurrir a él en cualquier momento. Si entonces tomamos la manipulación en nuestras manos, podemos controlar a la gente sin que la perciban como manipulación. Sólo eso ya es tu ventaja hábilmente elaborada y una habilidad en sí misma.

A su vez, nuestro comportamiento, que incluye actuar o no actuar como un patrón de conducta, es la coronación de nuestra personalidad. Establecemos contacto con nuestro comportamiento y con el mundo exterior. Nos comunicamos, intercambiamos opiniones e intereses y somos comunicativos en todo momento. Nuestro cerebro, es decir, el poder del pensamiento, también está sujeto al sistema de recompensa, que está asociado al neurotransmisor dopamina. Se sabe que esta hormona de la felicidad nos hace felices y alegres. Es precisamente este amortiguador lo que necesitamos para concentrarnos en nuestro trabajo y rendir bien.

La manipulación también debe formar parte de ello. Quieres actuar como una persona simpática para llamar al éxito por su nombre. Esta liberación hormonal es, por tanto, un beneficio para ti y conviertes el acontecimiento puramente natural en tu ventaja. En consecuencia, vivimos con el centro del miedo, los protagonistas emocionales y el sistema de recompensa, y esto representa nuestro patrón de comportamiento. No siempre actuamos por propia voluntad, ni siquiera cuando nos manipulan, sino que nos sometemos a nuestros pensamientos y a nuestro patrón de comportamiento. Como puedes ver, la manipulación sólo puede satisfacer un área; el resto lo hace la psique, porque tiene poder sobre nosotros.

Material extra: Diario de mentalidad

Ahora que has aprendido en detalle los fundamentos del pensamiento positivo, en las páginas siguientes encontrarás instrucciones y tareas sobre cómo poner en práctica estos conocimientos.

El diario de mentalidad también te ofrece la oportunidad de expresarte de forma creativa y dar rienda suelta a tus pensamientos en un papel sin prejuicios, para que luego puedas analizarlos y evaluarlos. Pon en práctica inmediatamente lo que has aprendido y ¡cámbiate a ti mismo y a tu mentalidad para mejor!

DIARIO DE MENTALIDAD

Más felicidad en 14 días: Este capítulo trata de reservar un cierto tiempo cada día para ti y completar diversas tareas o utilizar ideas que te hagan pensar. Lee primero la tarea y luego tómate hasta 30 minutos para completarla.

A continuación, escribe tu experiencia en tu diario mental. El objetivo es llenar al menos tres páginas con tus pensamientos cada día durante un periodo de al menos 14 días. Puedes dejar que tus pensamientos fluyan libremente por las páginas o utilizar las tareas propuestas como guía. Hazlo depender de tu estado de ánimo del día. A veces nuestra mente sólo quiere deshacerse de lastre, otras se alegra de recibir un nuevo impulso que le haga pensar. Muchas de las sugerencias de las páginas siguientes pueden sorprenderte por su sencillez. Pero cuanto más sistemáticamente practiques los rituales sugeridos y luego reflexiones sobre ellos en tu diario personal, más claramente notarás el progreso. A menudo son los pequeños placeres los que pasas por alto o incluso te niegas inconscientemente en el ajetreo de la vida cotidiana.

Día 1: Estar PRESENTE en el aquí y ahora (meditación)

Tómate de 15 a 30 minutos para meditar y luego haz una anotación en tu diario. ¿Qué pensamientos dejaste pasar durante la meditación? ¿De dónde venían? ¿Qué sentiste al no darles importancia?

Día 2: Cartel con tu zona de confort

Dibuja un círculo en un póster A3. Escribe en el círculo las cosas que te gusta hacer y que te hacen sentir bien. A continuación, escribe alrededor del círculo las cosas que están fuera de tu zona de confort. Cuanto más lejos estén del centro, menos cómodo te sentirás haciéndolas. Esta tarea sólo puede funcionar si eres sincero contigo mismo. Si has completado el cartel a conciencia, esta visión de conjunto te proporcionará una guía clara de las cosas que puedes conseguir en los próximos meses y años. Trabaja paso a paso desde el centro de tu zona de confort hacia los bordes haciendo exactamente estas cosas.

Día 3: Un mapa mental ...

... de tus rasgos de carácter. Piensa en esta pregunta: ¿Qué te hace brillante? Crea otro cartel o escribe en tu diario en letras grandes cuáles son tus puntos fuertes particulares. Cada vez que mires estos carteles, tu subconsciente recordará todas las cosas que puedes hacer.

De este modo, los pensamientos negativos y las dudas sobre ti mismo dejarán de tener cabida.

Día 4: Rituales de bienestar personal

Introduce rituales que te hagan sentir bien en tu propia piel, aunque sólo sean unos instantes dichosos y despreocupados. Este tiempo para ti cuenta. Puede ser tu canción favorita que bailas a todo volumen, por ejemplo, o quince minutos cada día con uno de los libros premiados que siempre has querido leer. Quizá también sea el momento de no hacer "nada" en paz (si es que eso es posible con el cerebro humano en estado desentrenado). Mima tus sentidos. Enciende unas velas o un difusor con aceites esenciales. Las barritas de incienso también pueden hacer maravillas.

Día 5: Conéctate a tierra

Pasa tiempo en la naturaleza. Conéctate a la tierra. Haz algo de jardinería o sal a pasear con los perros o con la familia y los amigos. Vivimos tanto en nuestros pensamientos que a menudo olvidamos la conexión con el mundo que nos rodea. Recuérdate que formas parte de él.

Día 6: Practicar activamente la gratitud

Tómate un momento para estar quieto, simplemente respira y disfruta de tu entorno, preferiblemente en un trozo de hierba. Ahora cierra los ojos y respira profundamente 1 ó 2 veces. Sé consciente del sentimiento de gratitud por estar vivo. Agradece a todos los individuos que te rodean, al fin y al cabo, todos son una expresión de amor en este mundo, igual que tú.

Día 7: Meditación de atención plena

Planifica hoy al menos 15 minutos, pero preferiblemente 30, para hacer una meditación de atención plena. Ponte cómodo en tu lugar favorito para meditar y aumentar tu atención y conciencia. ¿Cómo te sientes en este segundo, ahora mismo? ¿Por qué? ¿Qué puedes cambiar o hacer mejor?

Día 8: Muestra compasión por ti mismo y por los demás

Sé amable contigo mismo (y, en consecuencia, con los demás). Muestra comprensión y compasión hacia ti mismo. No seas tan duro contigo mismo. Por ejemplo, sírvete un café por la mañana y siéntate al sol. Verás qué diferencia marca en el transcurso de tu día si te permites unos minutos de descanso cada día.

Día 9: Practicar activamente el amor propio

Regálate hoy un poco más de amor de lo habitual. Ordena, date un baño caliente o ponte un conjunto bonito. Limpia tu casa. Ponte cómodo por la noche. Un aspecto importante del amor propio es descansar y relajarse lo suficiente. Duerme lo suficiente. A veces ni siquiera nos damos cuenta de lo agotados que estamos, incluso sólo con pensamientos poco saludables. Dale a tu cuerpo el descanso que necesita. Las horas de sueño necesarias para la recuperación varían de una persona a otra y también dependen de tu situación vital actual. Así que, por favor, no te preocupes si no has puesto el despertador en un día libre del trabajo y sigue durmiendo plácidamente unas horas más. Es evidente que en este caso lo necesitabas.

Día 10: No pienses, haz
Actívate y sal de tu PROPIA CABEZA. Presta hoy especial atención a tus tareas habituales. Deshierba, da de comer a tus mascotas o charla con una persona mayor del barrio.

Día 11: Tiempo para ser y para la creatividad
Dedícate tiempo a ti mismo. Aléjate del pozo sin fondo que destruye el alma que pueden ser las redes sociales cuando te sientes mal. Sólo debes permitir que estos medios trabajen a tu favor, nunca en tu contra. Sé creativo. Por ejemplo, si has tenido un sueño especialmente emotivo o un encuentro intenso, deja que esa chispa de energía que sientes guíe tu mano, tanto si ha

sido una experiencia buena como mala. (De hecho, la energía negativa a veces puede ser un catalizador creativo mayor que la energía de paz y alegría). Nuestros sueños son esencialmente historias creativas que inventa nuestra mente subconsciente. Coge un pincel o papel y boli. Transforma tus sensaciones en una manifestación de tu profundidad y creatividad.

Día 12: La música cura el alma

Pon tus canciones favoritas. Deja que la música apacigüe tu alma. Canta con todas tus fuerzas y baila tan libremente como si estuvieras solo en el mundo. También puedes crear una lista de reproducción con tus canciones favoritas de cada episodio de tu vida. O tal vez tengas un viejo CD o disco que hace años que no pones. La música te llega directamente al alma. Deja que te cure y te lleve.

Día 13: Embellece tu casa

Decora y diseña tu casa hoy mismo. Recoge unas bonitas flores en el exterior o compra un girasol para alegrar tu espacio. Esto sirve para crear un entorno vital que te ayude perfectamente a satisfacer tus necesidades individuales. ¿Qué necesitas realmente para sentirte una persona completa? ¿Es un jardín donde puedas cavar y plantar verduras y flores? ¿O un estudio de arte; un lugar con mucha luz, aire fresco y espacio; qué tipo de colores te gustan; te gustan los muebles de madera o tal vez una cama sólida y mullida en la que puedas hundirte por la noche? Te mereces un lugar donde puedas desarrollar todo tu potencial. Esto no significa que el diseño tenga que costar mucho, en absoluto. Tu casa sólo debe satisfacer tus necesidades y requisitos individuales de un hogar cálido y acogedor.

Día 14: Agradécete a ti mismo tu dedicación

¡Enhorabuena! Has completado el programa de catorce días con compromiso y perseverancia.

Preguntas que puedes responder hoy en tu agenda: ¿Qué te resultó especialmente difícil durante la quincena y cómo superaste el obstáculo? ¿En qué área has crecido más gracias a la formación? ¿De qué habilidades recién aprendidas o reforzadas te sientes especialmente orgulloso? ¿Cuál ha sido tu experiencia favorita de estas dos semanas? Si lo deseas, puedes mantener la rutina de escritura diaria que con tanto esmero has mantenido durante las dos últimas semanas. Cuanto más tiempo pases con tu yo interior, mejor llegarás a conocerte. Y ésa es la base de tu propia felicidad personal y de tu satisfacción y realización a largo plazo. Te deseo que sigas disfrutando de tu viaje y toda la felicidad del mundo.